THE USBORNE INTERNET-LINKED

FIRST THOUSAND WORDS

IN POLISH

With Internet-linked pronounciation guide

Heather Amery

Illustrated by Stephen Cartwright

Edited by Mairi Mackinnon

Polish language consultants: Neil Bowdler and Ivona Abramian

Usborne Quicklinks:
notes for parents and guardians

Please ensure that your children read and follow the internet safety
guidelines displayed on the Usborne Quicklinks Website.

The links in Usborne Quicklinks are regularly reviewed and updated.
However, the content of a website may change at any time, and Usborne
Publishing is not responsible for the content on any website other than
its own. We recommend that children are supervised while on the
internet, that they do not use internet chat rooms and that you use
internet filtering software to block unsuitable material.
For more information, see the **Net Help** area on the
Usborne Quicklinks Website.

On every double page with pictures, there is a little
yellow duck to look for. Can you find it?

About this book

This is a great book for anyone starting to learn Polish. You'll find it easy to learn new words by looking at the small, labeled pictures. Then you can practice the words by talking about the large central pictures. You can also listen to all the Polish words in the book on the Usborne Quicklinks Website (see below).

Reading Polish words

Polish words can look quite tricky to an English speaker, especially when they have sounds like **cz** or **sz** together, but once you know a few basic rules, Polish pronunciation is actually quite regular. You can listen to all the words in this book on the Usborne Quicklinks Website (see below), and you can also find a guide on pages 56-64 of the book.

Accents

Some Polish words have accents – signs that are written over, across or under the letter. These change the sound of the letter. In Polish dictionaries, accented letters are treated as different letters, so when you look for a word in a dictionary or on pages 56-64 of this book, you'll find all the words beginning with **ł** after the words beginning with **l**, and so on.

"A" or "the"

There isn't a separate word for "the" or "a" in Polish, so for example **stół** can mean either "a table" or "the table" – when you use the word in a sentence, it will be clear which you mean.

Hear the words on the internet

You can listen to all the words in this book, read by a native Polish speaker, on the Usborne Quicklinks Website. Just go to **www.usborne-quicklinks.com** and enter the keywords **1000 polish**. There you can:

- listen to the first thousand words in Polish
- find links to other useful websites about Poland and the Polish language.

Your computer needs a sound card (almost all computers have these) and may also need a small program, called an audio player, such as RealPlayer® or Windows® Media Player. If you don't already have a copy, you can download one from the Usborne Quicklinks Website.

Dom

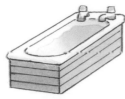
wanna

mydło

kurek

papier toaletowy

szczoteczka do zębów

woda

toaleta

gąbka

umywalka

prysznic

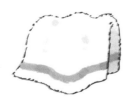
ręcznik

łóżko

Łazienka

Salon

pasta do zębów

radio

poduszka

płyta kompaktowa

dywan

kanapa

4

krzesło

poduszka

grzebień

prześcieradło

dywanik

szafa

poduszka

Sypialnia

komoda

lustro

szczotka do włosów

lampa

Hol

obrazki

wieszak

telefon

kaloryfer

wideo

gazeta

stół

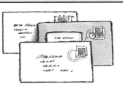
listy

schody

Kuchnia

lodówka

szklanki

zegar

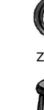
taboret

łyżeczki

przełącznik

proszek do prania

klucz

drzwi

zlewozmywak

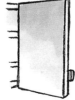
odkurzacz

rondle

widelce

fartuch

deska do prasowania

śmieci

czajnik

 noże

zmywak

 ściereczka do kurzu

kafelki

 miotła

 pralka

 śmietniczka

 szuflada

 spodki

 patelnia

 kuchenka

 łyżki

 talerze

 żelazko

 szafka

 ściereczka do naczyń

 filiżanki

 zapałki

 szczotka

 miski

7

taczka

ul

ślimak

cegły

gołąb

łopata

biedronka

pojemnik
na śmieci

nasiona

szopa

Ogród

konewka

dżdżownica

kwiaty

polewaczka

motyka

osa

8

pszczoła

kielnia

kość

żywopłot

widły

kosiarka do trawy

ścieżka

liście

drzewo

dym

gąsienica

grabie

gniazdo

patyki

trawa

wózek dziecinny

drabina

ognisko

wąż gumowy

cieplarnia

9

Warsztat

imadło

papier ścierny

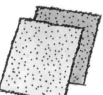

świder

drabina

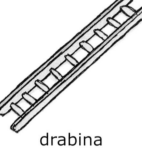

piła

trociny

kalendarz

skrzynka na narzędzia

śrubki

śrubokręt

deska

struganie

scyzoryk

10

gwoździki   pająk   śrubki   nakrętki   pajęczyna

beczka

mucha

siekiera

miara taśmowa

młotek

pilnik

puszka z farbą

hebel

drewno   gwoździe   warsztat pracy   słoiki

11

Ulica

sklep

dziura

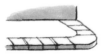

kawiarna

ambulans

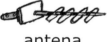

chodnik

antena

komin

dach

koparka

hotel

autobus

mężczyzna

wóz policyjny

rury

świder

szkoła

boisko

taksówka

przejście

fabryka

ciężarówka

światła uliczne

kino

furgonetka

walec drogowy

przyczepa

dom

targ

stopnie

motocykl

mieszkania

rower

pompa strażacka

policjant

samochód

kobieta

latarnia uliczna

13

kolejka

kostki

flet prosty

robot

bębenki

naszyjnik

aparat
fotograficzny

koraliki

lalki

gitara

pierścionek

domek
dla lalek

Sklep z zabawkami

organki

gwizdek

cegły

zamek

łódź
podwodna

trąbka

strzały

14

łuk

spadochron

łódź

farby do twarzy

walec drogowy

maski

samochód wyścigowy

koń na biegunach

skarbonka

kulki

marionetki

fortepian

kosmonauci

dźwig

ciastolina

pistolet

żołnierze

farby

rakieta

15

Park

huśtawki

piaskownica

piknik

latawiec

lody

pies

furtka

ścieżka

żaba

16 zjeżdżalnia

ławka

kijanki

jezioro

wrotki

krzak

niemowlę

deskorolka

ziemia

spacerówka

huśtawka

dzieci

rower na trzech kółkach

ptaki

ogrodzenie

piłka

jacht

sznurek

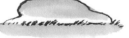

kałuża

kaczątka

skakanka

drzewa

kwietnik

łabędzie

smycz

kaczki

17

Zoo

panda

skrzydło

orzeł

hipopotam

goryl

łapy

kangur

nietoperz

małpa

ogon

wilk

góra lodowa

pingwin

krokodyl

niedźwiedź

pióra

pelikan

struś

delfin

lew

lwiątka

żyrafa

18

rogi

jeleń

wielbłąd

foka

żółw

niedźwiedź
polarny

trąba

słoń

nosorożec

żubr

bóbr

koza

zebra

wąż

rekin

wieloryb

tygrys

lampart

19

 linia kolejowa

Podróż

 helikopter

 lokomotywa

 zderzak

 wagony

 maszynista

 pociąg towarowy

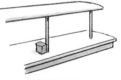 peron

 kontroler biletow

 walizka

 automat biletowy

20

Dworzec kolejowy

Garaż

 sygnalizator

 plecak

 reflektory

 motor

 koło

 akumulato

samolot

stewardesa

pas startowy

wieża kontrolna

Lotnisko

steward

pilot

myjnia

bagażnik

benzyna

pomoc drogowa

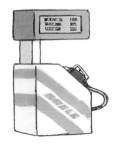

dystrybutor

cysterna

klucz

opona

maska

olej

21

wiatrak

balon

motyl

jaszczurka

kamienie

lis

potok

drogowskaz

jeż

Wieś

góra

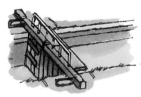

22 śluza

wiewiórka

las

borsuk

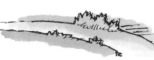

rzeka

droga

namioty

kanał

kłody

wieś

ćma

most

barka

wodospad

sowa

tunel

lisięta

kret

rybak

skały

ropucha

pociąg

przyczepa mieszkalna

pagórek

23

stóg siana

owczarek

kaczki

jagnięta

staw

kurczęta

poddasze

chlew

byk

kaczątka

kurnik

traktor

Gospodarstwo rolne

kogut

gęsi

cysterna

stodoła

błoto

wóz

 rolnik

 pole

 kury

 cielę

płot

 siodło

obora

 krowa

 pług

 sad

 stajnia

 prosięta

 pasterka

 indyki

 strach na wróble

 zagroda

 siano

 owce

 snopki słomy

 koń

 świnie

25

żaglówka

Wybrzeże

muszelka

morze

wiosło

latarnia morska

łopata

wiadro

gwiazda morska

zamek z piasku

parasol

flaga

marynarz

krab

mewa

wyspa

motorówka

narciarz wodny

26

fale

kapelusz
przeciwsłoneczny

urwisko

statek

kajak

lina

kamyki

wodorosty

sieci

wiosło

statek rybacki

płetwy

osioł

ryba

kostium
kąpielowy

tankowiec

plaża

łódź wiosłowa

leżak

27

nożyczki

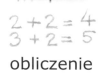

obliczenie

gumka

linijka

zdjęcia

flamastry

pinezki

farby

chłopiec

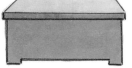

ołówek

Szkoła

tablica

biurko

książki

pióro

klej

kreda

rysunek

kosz na śmieci

nauczyciel

pudło

mapa

pędzel

sufit

ściana

podłoga

a b c d e f
g h i j k l ł m
n o p q r s t
u v w x y z

notes

a b c d e f
g h i j k l ł m
n o p q r s t
u v w x y z

alfabet

odznaka

akwarium

papier

żaluzje

klamka

roślina

globus

dziewczyna

kredki

lampa

tablica na stojaku

Szpital

pielęgniarz

wata

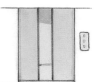

lekarstwo

winda

szlafrok

kule

pigułki

taca

zegarek na rękę

termometr

zasłona

pluszowy miś   jabłko

gips

bandaż

wózek
inwalidzki

układanka

doktor

strzykawka

Doktor

pantofle

komputer

plaster

banan

winogrona

koszyk

zabawki

gruszka

kartki

pieluszka

laska

telewizja

koszula nocna

piżama

pomarańcza

chusteczki

komiks

poczekalnia

Przyjęcie

prezenty

balon

czekolada

cukierek

okno

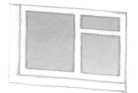

sztuczne ognie

wstążka

ciastko

słomka

świeczka

łańcuch z papieru

zabawki

mandarynka

salami

kaseta

kiełbasa

chrupki

przebranie

wiśnia

sok owocowy

malina

truskawka

żarówka

kanapka

masło

herbatnik

ser

chleb

obrus

33

Sklep

grejpfrut

marchew

kalafior

por

grzyb

ogórek

cytryna

seler

morela

melon

torba na zakupy

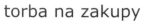
SER

OWOCE I WARZYWA

cebula

kapusta

brzoskwinia

sałata

groch

pomidor

34

jajka

 śliwka

 mąka

waga

słoiki

 mięso

 ananas

 jogurt

koszyk

 butelki

 torebka

portmonetka

 pieniądze

 puszki

 ziemniaki

 szpinak

 fasola

 kasa

 dynia

 wózek

35

Jedzenie

śniadanie

lunch lub obiad

jajko gotowane

grzanki

dżem

kawa

jajko sadzone

śmietanka

mleko

płatki zbożowe

czekolada na gorąco

cukier

miód

sól

pieprz

herbata

czajnik

naleśniki

bułki

kolacja lub obiad

szynka

zupa

omlet

sałata

pałeczki

hamburger

kurczak

ryż

sos

spaghetti

purée ziemniaki

pizza

frytki

deser

Ja

głowa

włosy

twarz

ramię

łokieć

brzuch

palce u nog

stopa

noga

kolano

brew

oko

nos

policzek

usta

wargi

zęby

język

podbródek

uszy

szyja

barki

klatka
piersiowa

plecy

pośladki

ręka

kciuk

palce

38

Moje ubranie

skarpetki

majtki

podkoszulek

spodnie

dżinsy

T-shirt

spódnica

koszula

krawat

szorty

rajstopy

sukienka

sweter

bluza
sportowa

sweter
zapinany

szalik

chusteczka

buty
sportowe

buty

sandały

kalosze

rękawiczki

pasek

sprzączka

zamek
błyskawiczny

sznurowadło

guziki

dziurki do
guzików

kieszenie

marynarka

kurtka

czapka

kapelusz

39

Ludzie

mistrz kucharski

tancerze

aktor aktorka

śpiewacy

astronauta

policjant

policjantka

rzeźnik

stolarz

strażak

artysta

sędzia

mechanicy

40

fryzjer

kierowca
ciężarówki

kierowca
autobusu

dentysta

płetwonurek

kelner   kelnerka

listonosz

malarz

piekarz

Rodziny

syn
brat

córka
siostra

matka
żona

ojciec
mąż

ciotka   wujek

kuzyn

dziadek

babcia

41

Czynności

uśmiechać się

płakać

myśleć

słuchać

śmiać się

łapać

rzucać

zbić

malować

pisać

rąbać

ciąć

jeść

rozmawiać

kopać

nosić

pić

robić

skakać

tańczyć

myć

robić na drutach

czołgać się

grać

oglądać

wspinać się

brać

skakać

spać

szyć

czekać

bić się

gotować

ukrywać się

czytać

kupować

śpiewać

pchać

zamiatać

zbierać

dmuchać

ciągnąć

upadać

chodzić

biegać

siedzieć

43

Przeciwieństwa

dobry

zły

daleko

blisko

góra

dół

zimny

gorący

mokry

suchy

brudny

czysty

nad

pod

gruby

szczupły

otwarty

zamknięty

mały

duży

mało

wiele

pierwszy

ostatni

lewy

44

na zewnątrz

w środku

łatwy

trudny

pusty

pełny

miękki

twardy

przód

wysoko

powolny

szybko

tył

nisko

długi

krótki

martwy

żywy

ciemny

jasny

stary

na górze

prawy

nowy

na dole

45

Dni

poniedziałek

wtorek

środa

czwartek

piątek

sobota

niedziela

kalendarz

poranek

wieczór

słońce

noc

przestrzeń

statek
kosmiczny

planeta

księżyc

gwiazda

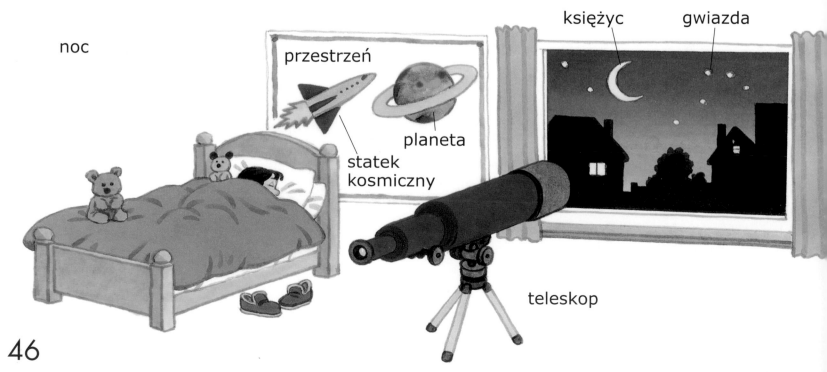

teleskop

Dni świąteczne

urodziny

świeczka

kartka
urodzinowa

prezent

tort urodzinowy

urlop

dzień ślubu

aparat
fotograficzny

druhna

panna młoda

pan młody

fotograf

Boże Narodzenie

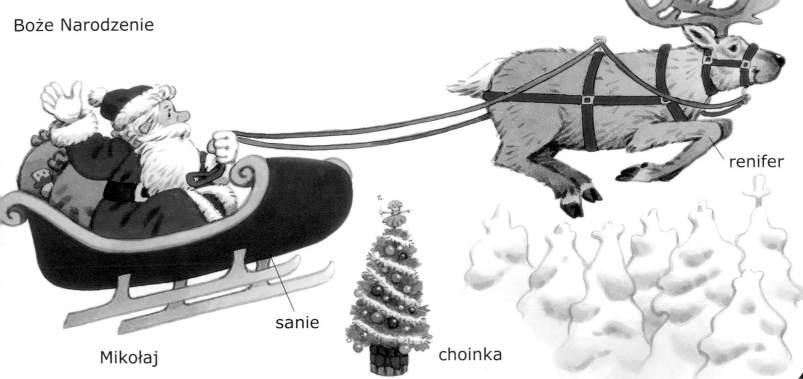

Mikołaj

sanie

choinka

renifer

47

Pogoda

parasol

deszcz

błyskawica

mgła

śnieg

rosa

słońce

chmury

niebo

wiatr

mgła

mróz

tęcza

Pory roku

wiosna

lato

jesień

zima

Zwierzęta domowe

chomik

weterynarz

psia buda

świnka morska

szczenię

pies

papużka

jedzenie

papuga

dziób

królik

kanarek

klatka

kot

koszyk

kociak

mysz

mleko

złota rybka

Sport i ćwiczenie

wioślarstwo

snowboarding

żeglarstwo

windsurfing

koszykówka

rakieta

krykiet

karate

tenis

futbol amerykański

gimnastyka

piłka

kij

wędka

wędkarstwo

przynęta

taniec

baseball

rugby

nurkowanie

pływalnia

pływanie

bieg

łucznictwo

tarcza

latanie lotnią

bieganie

kolarstwo

hełm

wspinaczka

judo

koń

kucyk

szafka

przebieralnia

piłka nożna

jazda konna

badminton

łyżwy

tenis stołowy

łyżwiarstwo

kijek
narciarski

wyciąg
krzesełkowy

narta

narciarstwo

sumo

Kolory

pomarańczowy

zielony

czarny

szary

czerwony

brązowy

różowy

biały

niebieski

fioletowy

żółty

Kształty

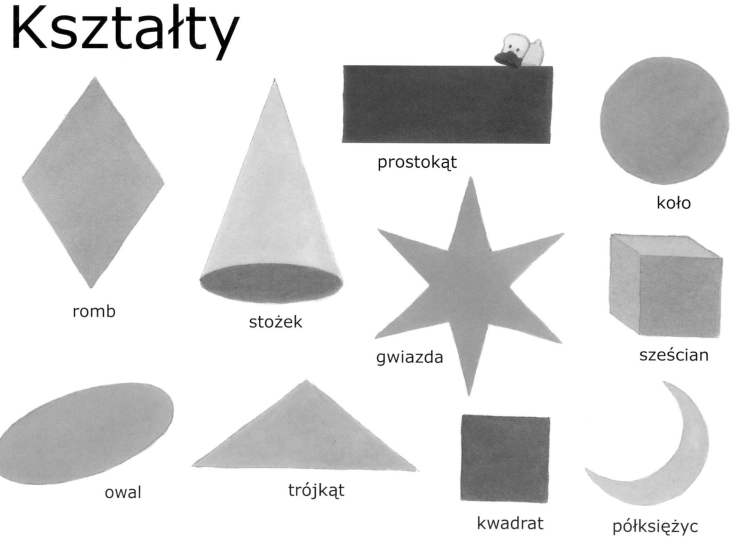

prostokąt

koło

romb

stożek

gwiazda

sześcian

owal

trójkąt

kwadrat

półksiężyc

Liczby

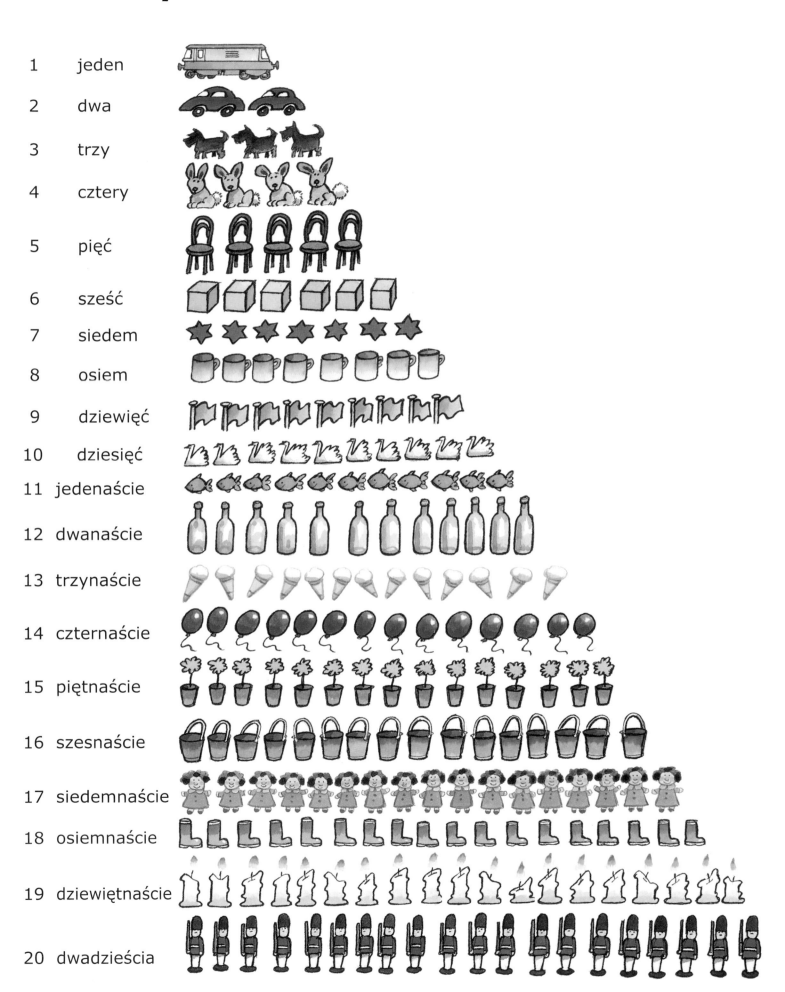

1	jeden	
2	dwa	
3	trzy	
4	cztery	
5	pięć	
6	sześć	
7	siedem	
8	osiem	
9	dziewięć	
10	dziesięć	
11	jedenaście	
12	dwanaście	
13	trzynaście	
14	czternaście	
15	piętnaście	
16	szesnaście	
17	siedemnaście	
18	osiemnaście	
19	dziewiętnaście	
20	dwadzieścia	

Wesołe miasteczko

karuzela

mata

zjeżdżalnia

karuzela

rzucanie
pierścieniami

kolejka duchów

prażona
kukurydza

kolejka

strzelnica

samochody elektryczne

wata cukrowa

54

Cyrk

linoskoczek

tyczka

trapez

lina

drabina
sznurowa

siatka
zabezpieczająca

akrobata na
jednym kole

królik

akrobaci

mistrz
ringu

pies

kuglarz

obręcz

cylinder

kokarda

orkiestra

woltyżer

klown

55

Word list

In this list, you can find all the Polish words in the book, listed in alphabetical order. Next to each one, you can see its pronunciation (how to say it) in letters *like this*, and then its English translation.

About Polish pronunciation

Read the pronunciation guide as if it were an English word, but try to remember the following points about how Polish words are said.

- The part of the word in bold type, ***like this***, is the part you stress
- ***kh*** sounds like the ch in the Scottish word **loch**
- ***g*** is always a hard sound, like the **g** in **get**
- ***i*** is a sound in between the **i** in **chip** and the **ee** in **cheese**
- ***y*** is like the **y** in **yet**, except at the end of a word where it is like the **y** in **city**
- ***zh*** is like the **s** in **treasure**

A

akrobaci	*akro**bach**i*	acrobats
akrobata na jednym kole	*akro**bata** na **yed**nim **kol**e*	unicyclist
aktor	*ak**tor***	actor
aktorka	*ak**tor**ka*	actress
akumulator	*akoomoo**lat**or*	battery
akwarium	*ak**var**eeoom*	aquarium
alfabet	*al**fa**bet*	alphabet
ambulans	*am**boo**lans*	ambulance
ananas	*a**nan**as*	pineapple
antena	*an**ten**a*	antenna
aparat fotograficzny	*a**par**at fotogra**feech**ny*	camera
artysta	*ar**tees**ta*	artist
astronauta	*astro**now**ta*	astronaut
autobus	*ow**toe**bus*	bus
automat biletowy	*ow**toe**mat bile**tov**y*	ticket machine

B

babcia	***bab**cha*	grandmother
badminton	*bad**meen**ton*	badminton
bagażnik	*ba**gazh**nik*	trunk (of a car)
balon	***bal**on*	balloon, hot-air balloon
banan	***ban**an*	banana
bandaż	***ban**dazh*	bandage
barka	***bar**ka*	barge
barki	***bar**ki*	shoulders
baseball	***base**ball*	baseball
beczka	***bech**ka*	barrel
benzyna	*ben**zeen**a*	gas
bębenki	*bem**ben**ki*	drums
biały	***byow**y*	white
bić się	***beech** sheh*	fight
biedronka	*bye**dron**ka*	ladybug
bieg	***byeg***	race
biegać	***byeg**ach*	to run
bieganie	*bye**gan**ye*	jogging
biurko	***byoor**ko*	desk
blisko	***blees**ko*	near
bluza sportowa	***bloo**za spor**tov**a*	sweatshirt
błoto	***bwo**toe*	mud
błyskawica	*bwiska**veet**sa*	lightning
boisko	*bo**yees**ko*	playground
borsuk	***bor**sook*	badger
Boże Narodzenie	***bozhe** naro**dzen**ye*	Christmas Day
bóbr	***boob**r*	beaver
brać	***brach***	to take
brat	***brat***	brother

brązowy	*bron**zov**y*	brown
brew	***brev***	eyebrow
brudny	***brood**ny*	dirty
brzoskwinia	*bshosk**veen**ya*	peach
brzuch	***bshookh***	tummy
bułki	***boow**ki*	(bread) rolls
butelki	*boo**tel**ki*	bottles
buty	***boo**ty*	shoes
buty sportowe	***boo**ty spor**tov**e*	sneakers
byk	***bik***	bull

C

cebula	*tse**boo**la*	onion
cegły	***tseg**wy*	bricks, blocks
chleb	***hleb***	bread
chlew	***hlev***	pigsty
chłopiec	***hwop**yets*	boy
chmury	***hmoo**ry*	clouds
chodnik	***hod**neek*	sidewalk
chodzić	***hod**jeech*	to walk
choinka	*ho**yeen**ka*	Christmas tree
chomik	***hom**eek*	hamster
chrupki	***hroop**ki*	chips
chusteczka	*hoos**tech**ka*	handkerchief
chusteczki	*hoos**tech**ki*	tissues
ciastko	***chast**ko*	cake
ciastolina	***chas**toleena*	modeling clay
ciąć	***chonch***	to cut
ciągnąć	***chon**gnonch*	to pull
cielę	***chel**eh*	calf
ciemny	***chem**ny*	dark
cieplarnia	*che**plar**nya*	greenhouse
ciężarówka	*chenzha**roof**ka*	truck
ciotka	***chot**ka*	aunt
córka	*tsoor**ka*	daughter
cukier	*tsoo**kyer***	sugar
cukierek	*tsoo**kyer**ek*	candy
cylinder	*tsi**leen**der*	top hat
cyrk	***tsirk***	circus
cysterna	*tsis**tern**a*	tanker, gas tanker
cytryna	*tsi**treen**a*	lemon
czajnik	***chay**neek*	kettle, teapot
czapka	***chap**ka*	cap
czarny	***char**ny*	black
czekać	***chek**ach*	to wait
czekolada	*cheko**lad**a*	chocolate
czekolada na gorąco	*cheko**lad**a na go**ront**so*	hot chocolate
czerwony	*cher**von**y*	red
czołgać się	***chow**gach sheh*	crawl
czternaście	*chter**nash**che*	fourteen

Polish	Pronunciation	English
cztery	*chtery*	four
czwartek	*chwartek*	Thursday
czynności	*chininoshchi*	actions
czysty	*chisty*	clean
czytać	*chitach*	to read

Ć

Polish	Pronunciation	English
ćwiczenie	*chveechenye*	exercise
ćma	*chma*	moth

D

Polish	Pronunciation	English
dach	*dakh*	roof
daleko	*daleko*	far
delfin	*delfeen*	dolphin
dentysta	*denteesta*	dentist
deser	*deser*	dessert
deska do prasowania	*deska do prasovanya*	ironing board
deska	*deska*	board
deskorolka	*deskorolka*	skateboard
deszcz	*deshch*	rain
długi	*dwoogi*	long
dmuchać	*dmoohach*	to blow
dni	*dnee*	days
dni świąteczne	*dnee shvyontechne*	special days
dobry	*dobry*	good
doktor	*doktor*	doctor
dół	*doow*	bottom (not top)
dom	*dom*	house, home
domek dla lalek	*domek dla lalek*	doll's house
drabina	*drabeena*	ladder
drabina sznurowa	*drabeena shnoorova*	rope ladder
drewno	*drevno*	wood
droga	*droga*	road
drogowskaz	*drogofskaz*	signpost
druhna	*droona*	bridesmaid
drzewa	*dzheva*	trees
drzewo	*dzhevo*	tree
drzwi	*dzhvee*	door
duży	*doozhy*	big
dwa	*dva*	two
dwadzieścia	*dvajeshcha*	twenty
dwanaście	*dvanashche*	twelve
dworzec kolejowy	*dvozhets koleyovy*	railway station
dym	*dim*	smoke
dynia	*dinya*	pumpkin
dystrybutor	*distribootor*	gas pump
dywan	*divan*	carpet
dywanik	*divanik*	rug
dziadek	*jadek*	grandfather
dzieci	*jechi*	children
dzień ślubu	*jenn shlooboo*	wedding day
dziesięć	*jeshench*	ten
dziewczyna	*jefchinna*	girl
dziewięć	*jevyench*	nine
dziewiętnaście	*jevyentnashche*	nineteen
dziób	*joob*	beak
dziura	*joora*	hole
dziurki do guzików	*joorki do goozheekoof*	button holes
dźwig	*jweeg*	crane
dżdżownica	*dzhoovneetsa*	worm

Polish	Pronunciation	English
dżem	*jem*	jam
dżinsy	*jeensy*	jeans

F

Polish	Pronunciation	English
fabryka	*fabrika*	factory
fale	*fale*	waves
farby	*farby*	paints
farby do twarzy	*farby do tvazhy*	face paints
fartuch	*fartookh*	apron
fasola	*fasola*	beans
filiżanki	*filizhanki*	cups
fioletowy	*fioletovy*	purple
flaga	*flaga*	flag
flamastry	*flamastry*	felt-tip pens
flet prosty	*flet prosty*	recorder
foka	*foka*	seal
fortepian	*fortepyan*	piano
fotograf	*fotograf*	photographer
frytki	*fritki*	French fries
fryzjer	*frizyer*	barber
furgonetka	*foorgonetka*	van
furtka	*foortka*	gate
futbol amerykański	*footbol amerikannski*	football

G

Polish	Pronunciation	English
garaż	*garazh*	garage
gąsienica	*gonsheneetsa*	caterpillar
gazeta	*gazeta*	newspaper
gąbka	*gonbka*	sponge
gęsi	*genshi*	geese
gimnastyka	*jeemnastika*	gym
gips	*geeps*	cast
gitara	*geetara*	guitar
globus	*globus*	globe
głowa	*gwova*	head
gniazdo	*gnyazdo*	bird's nest
gołąb	*gowonb*	pigeon
gorący	*gorontsy*	hot
goryl	*goril*	gorilla
gospodarstwo rolne	*gospodarstvo rolne*	farm
gotować	*gotovach*	to cook
góra	*goora*	mountain, top
góra lodowa	*goora lodova*	iceberg
grabie	*grabye*	rake
grać	*grach*	to play
grejpfrut	*greypfroot*	grandmother
groch	*grokh*	peas
gruby	*grooby*	fat
gruszka	*grooshka*	pear
grzanki	*gshanki*	toast
grzebień	*gshebyen*	comb
grzyb	*gshib*	mushroom
gumka	*goomka*	eraser
guziki	*goozheeki*	buttons
gwiazda	*gvyazda*	star
gwiazda morska	*gvyazda moorska*	starfish
gwizdek	*gveezdek*	whistle
gwoździe	*gvozhje*	nails
gwoździki	*gvozhjeeki*	tacks

H

Polish	Pronunciation	English
hamburger	*hamboorger*	hamburger
hebel	*hebel*	(shaving) plane
helikopter	*helikopter*	helicopter

Polish	Pronunciation	English
hełm	**helm**	helmet
herbata	**herbata**	tea
herbatnik	her**bat**neek	cookie
hipopotam	heepo**pot**am	hippopotamus
hol	**hol**	hol
hotel	**hotel**	hotel
huśtawka	hoosh**tav**ka	seesaw
huśtawki	hoosh**tav**ki	swings

I

Polish	Pronunciation	English
imadło	**imad**wo	vise
indyki	in**dee**ki	turkeys

J

Polish	Pronunciation	English
ja	**ya**	I
jabłko	**yabw**ko	apple
jacht	**yakht**	yacht
jagnięta	yag**nyen**ta	lambs
jajka	**yai**ka	eggs
jajko	**yai**ko	egg
jajko gotowane	**yai**ko goto**vane**	boiled egg
jajko sadzone	**yai**ko **sad**zohne	fried egg
jasny	**yas**ny	light
jaszczurka	yash**choor**ka	lizard
jazda konna	**yaz**da **kon**ina	riding
jeden	**yed**en	one
jedenaście	yede**nash**che	eleven
jedzenie	yed**zen**ye	food
jeleń	**yel**enn	deer
jesień	**yesh**enn	fall
jeść	**yeshch**	to eat
jezioro	ye**zhor**o	lake
jeż	**yezh**	hedgehog
język	**yown**zik	tongue
jogurt	**yo**goort	yogurt
judo	**yoo**do	judo

K

Polish	Pronunciation	English
kaczątka	ka**chon**tka	ducklings
kaczki	**kach**ki	ducks
kafelki	ka**fel**ki	tiles
kajak	**ka**yak	kayak
kalafior	kala**fyor**	cauliflower
kalendarz	ka**len**dazh	calendar
kaloryfer	kalo**rif**er	radiator
kalosze	ka**losh**e	boots
kałuża	ka**woozh**a	puddle
kamienie	ka**myen**ye	stones
kamyki	ka**mee**ki	pebbles
kanał	**ka**now	canal
kanapa	ka**napa**	sofa
kanapka	ka**napk**a	sandwich
kanarek	ka**nar**ek	canary
kangur	**kan**goor	kangaroo
kapelusz	ka**pel**ush	hat
kapelusz przeciwsło- neczny	ka**pel**ush pshechivswo- **nech**ny	sunhat
kapusta	ka**poos**ta	cabbage
karate	ka**ra**te	karate
kartka urodzinowa	**kart**ka ooroji**nova**	birthday card
kartki	**kart**ki	cards
karuzela	karoo**zel**a	Ferris wheel, merry-go- round
kasa	**kas**sa	checkout
kaseta	ka**seta**	cassette tape
kawa	**ka**va	coffee
kawiarna	ka**viarn**a	café
kciuk	**kchook**	thumb

Polish	Pronunciation	English
kelner	**kel**ner	waiter
kelnerka	kel**nerk**a	waitress
kielnia	**kyel**nya	trowel
kiełbasa	kyew**basa**	sausage
kierowca autobusu	kye**rov**tsa owtoe**boo**soo	bus driver
kierowca ciężarówki	kye**rov**tsa chenzha**roof**ki	truck driver
kieszenie	kye**shen**ye	pockets
kij	**keey**	bat (for sports)
kijanki	kee**yan**ki	tadpoles
kijek narciarski	**kee**yek nar**char**ski	ski pole
kino	**kee**no	movie theater
klamka	**klam**ka	door handle
klatka piersiowa	**klat**ka pyer**shov**a	chest (body)
klatka	**klat**ka	cage
klej	**kley**	glue
klown	**klown**	clown
klucz	**klooch**	key, wrench
kłody	**kwo**dy	logs
kobieta	ko**byet**ka	woman
kociak	**ko**chak	kitten
kogut	**ko**goot	rooster
kokarda	ko**kar**da	bow tie
kolacja	ko**lat**sya	supper
kolano	ko**lano**	knee
kolarstwo	ko**lar**stvo	cycling
kolejka	ko**ley**ka	train set, roller coaster
kolejka duchów	ko**ley**ka **doo**hoof	amusement ride
kolory	ko**lo**ry	colors
koło	**koe**wo	circle, wheel
komiks	**ko**miks	comic
komin	**ko**min	chimney
komoda	**ko**moda	chest of drawers
komputer	kom**poo**ter	computer
konewka	ko**nev**ka	watering can
kontroler biletow	kon**tro**ler bi**let**oof	conductor
koń	**konn**	horse
koń na biegunach	**konn** na bye**goo**nakh	rocking horse
kopać	**kop**ach	to dig
koparka	ko**par**ka	bulldozer
koraliki	kora**lee**ki	beads
kosiarka do trawy	ko**shar**ka do **trav**y	lawn mower
kosmonauci	kosmo**now**chi	spacemen
kostium kąpielowy	**kos**tume kompye**lov**y	swimsuit
kostki	**kost**ki	dice
kosz na śmieci	**kosh** na **shmyech**i	wastepaper basket
koszula	ko**shoo**la	shirt
koszula nocna	ko**shoo**la **nots**na	nightgown
koszyk	**ko**shik	basket
koszykówka	koshi**koof**ka	basketball
kość	**koshch**	bone
kot	**kot**	cat
koza	**ko**za	goat
krab	**krab**	crab
kraj	**krai**	country
krawat	**kra**vat	tie
kreda	**kre**da	chalk
kredki	**kred**ki	crayons
kret	**kret**	mole
krokodyl	**krok**odil	crocodile
krowa	**kro**va	cow

Polish	Pronunciation	English
królik	*kroo*lik	rabbit
krótki	*kroot*ki	short
krykiet	*kreek*yet	cricket (sport)
krzak	*kshak*	bush
krzesło	*kshes*woe	chair
ksiażki	*kshonzh*ki	books
księżyc	*kshen*zhits	moon
kształty	*kshtaw*ty	shapes
kuchenka	*ku*hen*ka	stove
kuchnia	*kookh*nya	kitchen
kucyk	*koot*sik	pony
kuglarz	*koo*glazh	juggler
kule	*koo*le	crutches
kulki	*kool*ki	marbles
kupować	*koo*pov*ach	to buy
kurczak	*koor*chak	chicken
kurczęta	*koor*chen*ta	chicks
kurek	*koo*rek	faucet
kurnik	*koor*nik	hen house
kurtka	*koor*tka	jacket
kury	*koo*ry	hens
kuzyn	*koo*zin	(boy) cousin
kuzynka	*koo*zin*ka	(girl) cousin
kwadrat	*kvad*rat	square
kwiaty	*kvyat*y	flowers
kwietnik	*kvyet*nik	flower bed

L

Polish	Pronunciation	English
lalki	*lal*ki	dolls
lampa	*lam*pa	lamp
lampart	*lam*part	leopard
las	*las*	forest
laska	*las*ka	walking stick
latanie lotnią	*la*tanye *lot*nee*on	hang-gliding
latarnia morska	*la*tar*nya *mor*ska	lighthouse
latarnia uliczna	*la*tar*nya *oo*leech*na	lamp post
latawiec	*la*tavyets	kite
lato	*la*to	summer
lekarstwo	*le*karst*vo	medicine
lew	*lev*	lion
lewy	*lev*y	left
leżak	*lez*hak	beach chair
liczby	*leech*by	numbers
lina	*lee*na	rope
lina	*lee*na	tightrope
linia kolejowa	*lee*nya kole*yov*a	train track
linijka	*lee*nee*ka	ruler
linoskoczek	*lee*no*sko*chek	tightrope walker
lis	*lees*	fox
lisięta	*lee*shen*ta	fox cubs
listonosz	*lee*sto*nosh	mail carrier
listy	*lees*ty	letters
liście	*leesh*che	leaves
lodówka	*lo*doof*ka	refrigerator
lody	*lo*dy	ice cream
lokomotywa	*lo*komo*tiv*a	engine (train)
lotnisko	*lot*nees*ko	airport
lub	*loob*	or
ludzie	*loo*je	people
lunch	*loonch*	lunch
lustro	*loos*tro	mirror
lwiątka	*li*vyont*ka	lion cubs

Ł

Polish	Pronunciation	English
łabędzie	*wa*ben*je	swans
łańcuch z papieru	*wann*tsukh z *pa*pyer*oo	paper chains
łapać	*wa*pach	to catch
łapy	*wa*py	paws
łatwy	*wat*vy	easy

Polish	Pronunciation	English
ławka	*wav*ka	bench
łazienka	*wa*zhen*ka	bathroom
łódź	*woodj*	boat
łódź podwodna	*woodj* po*vod*na	submarine
łódź wiosłowa	*woodj* vyo*swo*va	rowboat
łokieć	*wok*yech	elbow
łopata	*wo*pata	shovel
łóżko	*woozh*ko	bed
łucznictwo	*wooch*neets*vo	archery
łuk	*wook*	bow
łyżeczki	*wi*zhech*ki	teaspoons
łyżki	*wizh*ki	spoons
łyżwiarstwo	*wizh*vyarst*vo	ice skating
łyżwy	*wizh*vy	ice skates

M

Polish	Pronunciation	English
majtki	*mait*ki	underwear
malarz	*ma*lazh	painter
malina	*ma*lee*na	raspberry
malować	*ma*lov*ach	to paint
mało	*ma*woe	few
małpa	*maw*pa	monkey
mały	*maw*y	small
mandarynka	*man*da*reen*ka	tangerine
mapa	*ma*pa	map
marchew	*mar*hev	carrot
marionetki	*ma*rio*net*ki	puppets
martwy	*mart*vy	dead
marynarka	*ma*ri*nar*ka	coat
marynarz	*ma*ree*nazh	sailor
maska	*mas*ka	hood (of a car)
maski	*mas*ki	masks
masło	*mas*wo	butter
maszynista	*ma*shi*nees*ta	engineer
mata	*ma*ta	mat
matka	*mat*ka	mother
mąka	*mon*ka	flour
mąż	*monzh*	husband
mechanicy	*me*ha*neet*sy	mechanics
melon	*me*lon	melon
mewa	*me*va	seagull
mężczyzna	*menzh*chiz*na	man
mgła	*mgwa*	fog, mist
miara taśmowa	*mya*ra tash*mov*a	tape measure
mieszkania	*myesh*kanya	apartments
miękki	*myen*ki	soft
mięso	*myen*so	meat
Mikołaj	*mee*kow*ai	Santa Claus
miotła	*myot*wa	broom
miód	*myood*	honey
miski	*meesh*ki	bowls
mistrz kucharski	*meestsh* ku*har*ski	chef
mistrz ringu	*meestsh* *reen*goo	ringmaster
mleko	*mle*ko	milk
młotek	*mwo*tek	hammer
mokry	*mo*kry	wet
morela	*mo*rela	apricot
morze	*mo*zhe	sea
most	*most*	bridge
motocykl	*mo*tot*sikl	motorcycle
motor	*mot*or	engine (car)
motorówka	*mo*tor*oof*ka	motorboat
motyka	*mo*tee*ka	hoe
motyl	*mot*il	butterfly
mój	*mooy*	my
mróz	*mrozh*	frost
mucha	*moo*ha	fly

Polish	Pronunciation	English
muszelka	*moo**shel**ka*	shell
myć	***mich***	to wash
mydło	***mid**wo*	soap
myjnia	***mee**nya*	car wash
mysz	***mish***	mouse
myśleć	***mish**lech*	to think

N

Polish	Pronunciation	English
na dole	*na **do**le*	downstairs
na górze	*na **goo**zhe*	upstairs
na zewnątrz	*na **zev**nontzh*	out
narciarstwo	*nar**charst**vo*	skiing
narciarz wodny	***nar**chazh **vod**ny*	water-skier
nad	***nad***	over
nakrętki	*na**krent**ki*	nuts
naleśniki	*na**lesh**niki*	pancakes
namioty	*na**myot**y*	tents
narta	***nar**ta*	ski
nasiona	*na**sho**na*	seeds
naszyjnik	*na**shee**nik*	necklace
nauczyciel	*naoo**chi**chel*	teacher
niebieski	***nyeb**yeski*	blue
niebo	***nyeb**o*	sky
niedziela	*nye**jel**a*	Sunday
niedźwiedź	***nyej**vyej*	bear
niedźwiedź polarny	***nyej**vyej **po**larny*	polar bear
niemowlę	*nye**mov**leh*	baby
nietoperz	***nyet**opesh*	bat (animal)
nisko	***nees**ko*	low
noc	***nots***	night
noga	***no**ga*	leg
nos	***nos***	nose
nosić	***no**shich*	to carry
nosorożec	*noso**rozh**ets*	rhinoceros
notes	***no**tes*	notebook
nowy	***no**vy*	new
noże	***nozh**e*	knives
nożyczki	*no**zheech**ki*	scissors
nurkowanie	*noorko**van**ye*	diving

O

Polish	Pronunciation	English
obiad	***ob**yad*	dinner
obliczenie	*oblee**chen**ye*	math problems
obora	*o**bor**a*	cowshed
obrazki	*o**braz**ki*	pictures
obręcz	*o**brench***	hoop
obrus	*o**broos***	tablecloth
odkurzacz	*od**koo**zhach*	vacuum cleaner
odznaka	*od**zna**ka*	badge
oglądać	*og**lon**dach*	to watch
ognisko	*og**nees**ko*	bonfire
ogon	*o**gon***	tail
ogórek	*o**goo**rek*	cucumber
ogród	*o**grood***	yard
ogrodzenie	*ogro**dzen**ye*	railings
ojciec	***oy**chets*	father
okno	***ok**no*	window
oko	***ok**o*	eye
olej	***o**ley*	oil
ołówek	*o**woo**vek*	pencil
omlet	***om**let*	omelette
opona	*o**pon**a*	tire
organki	*or**gan**ki*	harmonica
orkiestra	*or**kyes**tra*	band
orzeł	***o**zhel*	eagle
osa	***o**sa*	wasp
osiem	***o**shem*	eight
osiemnaście	*oshem**nash**che*	eighteen
osioł	***o**shoow*	donkey

Polish	Pronunciation	English
ostatni	*o**stat**ni*	last
otwarty	*ot**var**ty*	open
owal	***o**val*	oval
owce	***ov**tse*	sheep
owczarek	*ov**char**ek*	sheepdog
owoce	*o**vot**se*	fruit

P

Polish	Pronunciation	English
pagórek	*pa**goo**rek*	hill
pająk	***pie**-onch*	spider
pajęczyna	*pie-**en**china*	cobweb
palce	***pal**tse*	fingers
palce u nog	***pal**tse oo **nog***	toes
pałeczki	*po**wech**ki*	chopsticks
pan młody	***pan mwo**dy*	bridegroom
panda	***pan**da*	panda
panna młoda	***pan**ina mwoda*	bride
pantofle	*pan**tof**le*	slippers
papier	***pap**yer*	paper
papier ścierny	***pap**yer **shcher**ny*	sandpaper
papier toaletowy	***pap**yer toale**to**vy*	toilet paper
papuga	*pa**poo**ga*	parrot
papużka	*pa**poozh**ka*	parakeet
parasol	*pa**ras**ol*	umbrella
park	***park***	park
pas startowy	***pas star**tovy*	runway
pasek	***pas**ek*	belt
pasta do zębów	***pas**ta do **zem**boof*	toothpaste
pasterka	*pa**ster**ka*	shepherdess
patelnia	*pa**tel**nya*	frying pan
patyki	*pa**tee**ki*	sticks
pchać	*p'**hach***	to push
pelikan	*pe**lee**kan*	pelican
pełny	***pew**ny*	full
peron	***per**on*	platform
pędzel	***pen**dzel*	paintbrush
piaskownica	*pyaskov**neet**sa*	sandpit
piątek	***pyon**tek*	Friday
pić	***peech***	to drink
piekarz	***pye**kazh*	baker
pielęgniarz	*pye**leng**nyazh*	(male) nurse
pieluszka	*pye**loosh**ka*	diaper
pieniądze	*pye**nyon**dze*	money
pieprz	***pyepsh***	pepper
pierścionek	*pyersh**chon**ek*	ring
pierwszy	***pyev**she*	first
pies	*p'**yes***	dog
pięć	***pyench***	five
piętnaście	*pyent**nash**che*	fifteen
pigułki	*pee**goow**ki*	pills
piknik	***peek**neek*	picnic
pilnik	***peel**neek*	file
pilot	***pee**lot*	pilot
piła	***pee**wa*	saw
piłka	***peew**ka*	ball
piłka nożna	***peew**ka **nozh**na*	soccer
pinezki	*pi**nez**ki*	thumbtacks
pingwin	***peeng**win*	penguin
pióra	***pyoo**ra*	feathers
pióro	***pyo**ro*	pen
pisać	***pee**sach*	to write
pistolet	*pees**to**let*	gun
pizza	***peet**za*	pizza
piżama	*pee**zha**ma*	pajamas
planeta	*pla**net**a*	planet
plaster	***plas**ter*	band-aid
plaża	***pla**zha*	beach
plecak	***plet**sak*	backpack
plecy	***plet**sy*	back (of body)

Polish	Pronunciation	English
pluszowy miś	*ploo**shov**y **meesh***	teddy bear
płakać	*pwakach*	to cry
płatki zbożowe	*pwatki zbozhove*	cereal
płetwonurek	*pwetvonoorek*	frogman
płetwy	*pwetvy*	flippers
płot	*pwot*	fence
płyta kompaktowa	*pwita kompactova*	CD
pływalnia	*pwivalnya*	swimming pool
pływanie	*pwivanye*	swimming
pociąg	*pochong*	train
pociąg towarowy	*pochong tovarovy*	freight train
poczekalnia	*pochekalnya*	waiting room
pod	*pod*	under
podbródek	*podbroodek*	chin
poddasze	*poddashe*	loft
podkoszulek	*podkoshoolek*	undershirt
podłoga	*podwoga*	floor
podróż	*podroozh*	travel
poduszka	*podooshka*	comforter, cushion, pillow
pogoda	*pogoda*	weather
pojemnik na śmieci	*poyemneek na shmyechi*	trash can
pole	*pole*	field
polewaczka	*polevachka*	sprinkler
policjant	*poleetsyant*	policeman
policjantka	*poleetsyantka*	policewoman
policzek	*poleechek*	cheek
pomarańcza	*pomarancha*	orange (fruit)
pomarańczowy	*pomaranchovy*	orange (color)
pomidor	*pomeedor*	tomato
pomoc drogowa	*pomoots drogova*	tow truck
pompa strażacka	*pompa strazhatska*	fire engine
poniedziałek	*ponyejowek*	Monday
por	*por*	leek
poranek	*poranek*	morning
portmonetka	*portmonetka*	coin purse
pory roku	*pory roku*	seasons
pośladki	*poshladki*	bottom (of body)
potok	*potok*	stream
powolny	*povolny*	slow
półksiężyc	*pookshenzhyts*	crescent
pralka	*pralka*	washing machine
prawy	*pravy*	right
prażona kukurydza	*prazhona kookooridza*	popcorn
prezent	*prezent*	present
prezenty	*prezenty*	presents
prosięta	*proshenta*	piglets
prostokąt	*prostokont*	rectangle
proszek do prania	*proshek do pranya*	laundry detergent
prysznic	*prishneets*	shower
przebieralnia	*pshebyeralnya*	changing room
przebranie	*pshebranye*	costumes
przeciwieństwa	*pshechee-vyenstva*	opposites
przejście	*psheyshche*	crosswalk
przełącznik	*pshewonchneek*	switch
przestrzeń	*pshestshenn*	space
prześcieradło	*psheshcheradwo*	sheet
przód	*pshood*	front
przyczepa	*pshichepa*	trailer
przyczepa mieszkalna	*pshichepa myeshkalna*	camper
przyjęcie	*pshiyenche*	party
przynęta	*pshinenta*	bait
psia buda	*psha booda*	kennel
pszczoła	*pshchowa*	bee
ptaki	*ptaki*	birds
pudło	*poodwo*	box
purée ziemniaki	*pooray zhemnyaki*	mashed potatoes
pusty	*poosty*	empty
puszka z farbą	*pooshka sfarbon*	paint can
puszki	*pooshki*	cans

R

Polish	Pronunciation	English
radio	*radio*	radio
rajstopy	*raistopy*	tights
rakieta	*rakyeta*	rocket, racket
ramię	*ramyeh*	arm
rąbać	*ronbach*	to chop
reflektory	*reflektory*	headlights
rekin	*rekeen*	shark
renifer	*reneefer*	reindeer
ręcznik	*renchneek*	towel
ręka	*renka*	hand
rękawiczki	*renkaveechki*	gloves
robić	*robeech*	to make
robić na drutach	*robeech na drootakh*	to knit
robot	*robot*	robot
rodziny	*rojeeny*	families
rogi	*rogi*	horns
rolnik	*rolneek*	farmer
romb	*romb*	diamond
rondle	*rondle*	saucepans
ropucha	*ropooha*	toad
rosa	*rosa*	dew
roślina	*roshleena*	plant
rower	*rover*	bicycle
rower na trzech kółkach	*rover na tshekh koowkakh*	tricycle
rozmawiać	*rozmavyach*	to talk
różowy	*roozhovy*	pink
rugby	*roogby*	rugby
rury	*roory*	pipes
ryba	*riba*	fish
rybak	*ribak*	fisherman
rysunek	*risoonek*	drawing
ryż	*rizh*	rice
rzeka	*zheka*	river
rzeźnik	*zhezhneek*	butcher
rzucać	*zhutsach*	to throw
rzucanie pierścieniami	*zhutsanye pyer-shchenyami*	ring toss

S

Polish	Pronunciation	English
sad	*sad*	orchard
salami	*salami*	salami
salon	*salon*	living room
sałata	*sawata*	lettuce, salad
samochód	*samohood*	car
samochód wyścigowy	*samohood vishchigovy*	race car
samochody elektryczne	*samohood elektrichne*	bumper cars
samolot	*samolot*	plane
sandały	*sandowy*	sandals
sanie	*sanye*	sleigh
schody	*shody*	stairs

Polish	Pronunciation	English
scyzoryk	stsyzorik	pocketknife
seler	seler	celery
ser	ser	cheese
sędzia	senja	judge
siano	shano	hay
siatka zabez-pieczająca	shatka zabez-pyechayontsa	safety net
sieci	shechi	net
siedem	shedem	seven
siedemnaście	shedemnashche	seventeen
siedzieć	shedjech	to sit
siekiera	shekyera	ax
siodło	shodwo	saddle
siostra	shoostra	sister
skakać	skakach	to jump, to skip
skakanka	skakanka	jump rope
skały	skowy	rocks
skarbonka	skarbonka	bank
skarpetki	skarpetki	socks
sklep	sklep	store
sklep z zabawkami	sklep ze zabavkami	toy store
skrzydło	skshidwo	wing
skrzynka na narzędzia	skshinka na nashenja	toolbox
słoiki	swoeeki	jars
słomka	swomka	(drinking) straw
słoń	swonn	elephant
słońce	swontse	sun
słuchać	swoohach	to listen
smycz	smich	leash
snopki słomy	snopki swomy	straw bales
snowboarding	snobording	snowboarding
sobota	sobota	Saturday
sok owocowy	sok ovotsovy	fruit juice
sos	sos	sauce
sowa	sova	owl
sól	sool	salt
spacerówka	spatseroofka	stroller
spać	spach	to sleep
spadochron	spadohron	parachute
spaghetti	spagetti	spaghetti
spodki	spodki	saucers
spodnie	spodnye	pants
sport	sport	sports
spódnica	spoodneetsa	skirt
sprzączka	spshonchka	buckle
stajnia	stainya	stable
stary	stary	old
statek	statek	ship
statek kosmiczny	statek kosmeechny	spaceship
statek rybacki	statek ribatski	fishing boat
staw	stav	pond
steward	steward	flight attendant (male)
stewardesa	stewardesa	flight attendant (female)
stodoła	stodowa	barn
stolarz	stolazh	carpenter
stopa	stopa	foot
stopnie	stopnye	steps
stożek	stozhek	cone
stóg siana	stoog shana	haystack
stół	stoow	table
strach na wróble	strakh na vrooble	scarecrow
strażak	strazhak	fireman
struganie	struganye	shavings
struś	strush	ostrich
strzały	stshowy	arrows
strzelnica	stshelneetsa	rifle range
strzykawka	stshikavka	syringe
suchy	soohy	dry
sufit	soofeet	ceiling
sukienka	sookyenka	dress
sumo	soomo	sumo wrestling
sweter	sveter	sweater
sweter zapinany	sveter zapinany	cardigan
sygnalizator	signalizator	signals
syn	sin	son
sypialnia	sipyalnya	bedroom
szafa	shafa	closet (clothes)
szafka	shafka	closet, locker
szalik	shaleek	scarf
szary	shary	gray
szczenię	shchenyeh	puppy
szczoteczka do zębów	shchotechka do zemboof	toothbrush
szczotka	shchotka	brush
szczotka do włosów	shchotka do vwosoof	hairbrush
szczupły	shchoopwy	thin
szesnaście	shesnashche	sixteen
sześcian	sheshchan	cube
sześć	sheyshch	six
szklanki	shklanki	glasses (for drinking)
szkoła	shkowa	school
szlafrok	shlafrok	bathrobe
sznurek	shnoorek	string
sznurowadło	shnoorovadwo	shoelace
szopa	shopa	shed
szorty	shorty	shorts
szpinak	shpeenak	spinach
szpital	shpeetal	hospital
sztuczne ognie	shtoochne ognye	fireworks
szuflada	shooflada	drawer
szybko	shibko	fast
szyć	shich	to sew
szyja	shiya	neck
szynka	shinka	ham

Ś

Polish	Pronunciation	English
ściana	shchana	wall
ściereczka do kurzu	shcherechka do kuzhu	dust cloth
ściereczka do naczyń	shcherechka do nachinn	dish towel
ścieżka	shchezhka	path
ślimak	shleemak	snail
śliwka	shleevka	plum
śluza	shlooza	lock
śmiać się	shmyach sheh	laugh
śmieci	shmyechi	trash
śmietanka	shmyetanka	cream
śmietniczka	shmyetneechka	dustpan
śniadanie	shnyadanye	breakfast
śnieg	shnyeg	snow
śpiewać	shpyevach	to sing
śpiewacy	shpyevatsy	singers
środa	shroda	Wednesday
śrubki	shroobki	screws, bolts
śrubokręt	shroobokrent	screwdriver
światła uliczne	shvyatwa ooleechne	traffic lights
świder	shveeder	drill
świeczka	shvyechka	candle
świnie	shveenye	pigs

| świnka morska | **shveen**ka **mor**ska | guinea pig |

T

tablica	ta**bleetsa**	board
tablica na stojaku	ta**bleet**sa na **stoya**ku	easel
taboret	ta**bor**et	stool
taca	**tat**sa	tray
taczka	**tach**ka	wheelbarrow
taksówka	tak**soof**ka	taxi
talerze	ta**lezh**e	plates
tancerze	tant**sezh**e	dancers
taniec	**tan**yets	dance
tankowiec	tan**kov**yets	oil tanker
tańczyć	**tann**chich	to dance
tarcza	**tar**cha	target
targ	**targ**	market
telefon	**tel**efon	telephone
teleskop	**tel**eskop	telescope
telewizja	tele**veez**ya	television
tenis	**ten**is	tennis
tenis stołowy	**ten**is sto**wov**y	table tennis
termometr	ter**mom**etr	thermometer
tęcza	**ten**cha	rainbow
toaleta	toa**let**a	toilet
torba na zakupy	**tor**ba na za**koo**py	grocery sack
torebka	to**reb**ka	purse
tort urodzinowy	**tort** urojee**nov**y	birthday cake
traktor	**trak**tor	tractor
trapez	**trap**ez	trapeze
trawa	**trav**a	grass
trąba	**tron**ba	trunk
trąbka	**tron**bka	trumpet
trociny	tro**chee**ny	sawdust
trójkąt	**trooy**kont	triangle
trudny	**trood**ny	difficult
truskawka	troos**kav**ka	strawberry
trzy	**tshy**	three
trzynaście	tshy**nash**che	thirteen
T-shirt	**T**-shirt	T-shirt
tunel	**too**nel	tunnel
twardy	**tvar**dy	hard
twarz	**tvazh**	face
tyczka	**tich**ka	pole
tygrys	**tig**ris	tiger
tył	**tiw**	back (not front)

U

ubranie	oo**bran**ye	clothes
układanka	ookwa**dan**ka	jigsaw puzzle
ukrywać się	oo**kri**vach sheh	hide
ul	**ool**	beehive
ulica	oo**leet**sa	street
umywalka	oomi**val**ka	sink
upadać	oo**pad**ach	to fall
urlop	**oor**lop	vacation
urodziny	ooro**jee**ny	birthday
urwisko	oor**vees**ko	cliff
usta	**oos**ta	mouth
uszy	**oo**shy	ears
uśmiechać się	oosh**mye**hach sheh	smile

W

w środku	v**shrot**koo	inside
waga	**va**ga	scales
wagony	va**gon**y	railway cars
walec drogowy	**va**lets dro**gov**y	roller
walizka	va**leez**ka	suitcase

wanna	**van**ina	bathtub
wargi	**var**gi	lips
warsztat	**var**shtat	workshop
warsztat pracy	**var**shtat **prat**sy	workbench
warzywa	wa**zhiv**a	vegetables
wata	**wa**ta	cotton balls
wata cukrowa	**wa**ta cu**krov**a	cotton candy
wąż	**wonzh**	snake
wąż gumowy	**wonzh** goo**mov**y	garden hose
wesołe miasteczko	ve**sow**e myas**tech**ko	amusement park
weterynarz	veter**in**azh	vet
wędka	vend**karst**vo	fishing rod
wędkarstwo	**vend**ka	fishing
wiadro	**vya**dro	bucket
wiatr	**vya**tr	wind
wiatrak	**vya**trak	windmill
widelce	vee**del**tse	forks
wideo	**vee**deo	video
widły	**veed**wy	pitchfork
wieczór	**vyech**or	evening
wielbłąd	**vyel**bwond	camel
wiele	**vyel**e	many
wieloryb	**vyel**orib	whale
wieszak	**vyesh**ak	coat rack
wieś	**vyesh**	country, town
wiewiórka	vye**vyoor**ka	squirrel
wieża kontrolna	**vyezh**a kon**trol**na	control tower
wilk	**veelk**	wolf
winda	**veen**da	elevator
windsurfing	veend**soor**fing	windsurfing
winogrona	vee**nogron**a	grapes
wioślarstwo	vyosh**larst**vo	rowing
wiosło	**vyos**wo	oar, paddle
wiosna	**vyos**na	spring
wiśnia	**veesh**nya	cherry
włosy	**vwos**y	hair
woda	**vo**da	water
wodorosty	vodo**ros**ty	seaweed
wodospad	**vod**ospad	waterfall
woltyżer	**vol**tizher	bareback rider
wóz	**vooz**	cart
wóz policyjny	**vooz** poleet**see**ny	police car
wózek	**voo**zek	grocery cart
wózek dziecinny	**voo**zek je**chee**niny	baby buggy
wózek inwalidzki	**voo**zek eenva**leed**ski	wheelchair
wrotki	**vrot**ki	rollerblades
wspinać się	**vspeen**ach sheh	climb
wspinaczka	vspee**nach**ka	climbing
wstążka	**vstonzh**ka	ribbon
wtorek	**vtor**ek	Tuesday
wujek	**voo**yek	uncle
wybrzeże	vib**shezh**e	seaside
wyciąg krzesełkowy	**vi**chong kshesew**kov**y	chairlift
wysoko	**vi**soko	high
wyspa	**vis**pa	island

Z

zabawki	za**bav**ki	toys
zagroda	za**grod**a	farmhouse
zamek	**za**mek	castle
zamek błyskawiczny	**za**mek bwiska**veech**ny	zipper
zamek z piasku	**za**mek z **pyas**ku	sandcastle
zamiatać	za**mya**tach	to sweep
zamknięty	zam**knyen**ty	closed

Polish	Pronunciation	English
zapałki	za**pow**ki	matches
zasłona	zas**wo**na	curtain
zbić	**zbeech**	to break
zbierać	**zbyer**ach	to pick
zderzak	**zdezh**ak	buffers (train)
zdjęcia	**zdyen**cha	photographs
zebra	**zebra**	zebra
zegar	**ze**gar	clock
zegarek na ręke	ze**garek** na **ren**keh	wristwatch
zęby	**zem**by	teeth
zielony	**zhe**lony	green
ziemia	**zhem**ya	dirt
ziemniaki	**zhem**nya**ki**	potatoes
zima	**zhee**ma	winter
zimny	**zheem**ny	cold
zjeżdżalnia	zyezh**jal**nya	slide
zlewozmywak	zlevo**zmi**vak	sink
złota rybka	**zwo**ta **rib**ka	goldfish
zły	**zwy**	bad
zoo	**zoo**	zoo
zmywak	**zmi**vak	mop
zupa	**zoo**pa	soup
zwierzęta domowe	zvye**zhen**ta **do**move	pets

Ż

Polish	Pronunciation	English
żaba	**zha**ba	frog
żaglówka	zha**gloof**ka	sailboat
żaluzje	zha**looz**ye	blind (for a window)
żarówka	zha**roof**ka	lightbulb
żeglarstwo	zhe**glarst**vo	sailing
żelazko	zhe**laz**ko	iron
żołnierze	zhol**nyezh**e	soldiers
żona	**zho**na	wife
żółty	**zhoo**ty	yellow
żółw	**zhoov**	tortoise
żubr	**zhoobr**	bison
żyrafa	zhi**rafa**	giraffe
żywopłot	**zhi**vopwot	hedge
żywy	**zhi**vy	alive

First published in 2007 by Usborne Publishing Ltd, Usborne House, 83-85 Saffron Hill, London EC1N 8RT, England. www.usborne.com
Copyright © 2007, 1995, 1979 Usborne Publishing Ltd. First published in America in 2008.